JN440329

尹在學 先生

Home은 소프트웨어이고
House는 하드웨어이다

詩 Home & House
중에서

축하
"시집 내가 쏘아올린
화살"

기축년 2월 2일
김규동

國破山河異昔時
獨留江月幾盈虧
落花巖畔花猶在
風雨當年不盡吹

錄石壁詩 丙申孟夏 松谷 金美姬

春半庭花落又開看
花猶自費吟来東風
可是無情物狼籍嬌
紅點緑苔

松谷金美姬

月落烏啼霜滿
天江楓漁火對愁眠
姑蘇城外寒山寺夜
半鐘聲到客船

錄張繼詩 丙申孟春 松谷金美姬

千山鳥飛絶萬徑人蹤滅
孤舟蓑笠翁獨釣寒江雪

錄柳宗元詩 江雪 乙未秋 松谷 金美姬

내고향남쪽바다그파란물눈에보이네꿈엔들잊
으리요그잔잔한고향바다지금도그물새들날으
리가고파라가고파

가고파 송곡 김미희

幽蘭本自香
松谷

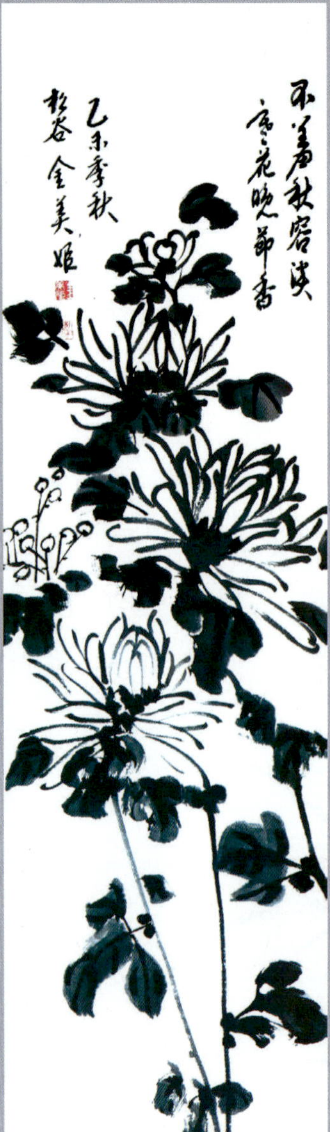

芝蘭生於深林不以無人而不芳君子不以困窮而致節
丙申季秋 松谷 金美姬

白雲橫里萬松皆歲蘇
綠壁極絕居千歷未知

錄石亭先生詩 丁酉春 松谷 金美姬

未圓常恨就圓遲圓後如何
易就虧三十夜中圓一夜
百年心事摠如斯

錄 宋翼弼先生詩 丙申季秋 松谷 金美姬

春風花竹明丁酉年松右金美姫

산도화 피는 마을

윤 재 학 시집

문학세계

머리말

그간에 발표한 시작품들을 모아 『산도화 피는 마을』이라는 제호題號의 시집을 상재上梓하기로 하였다. 내 시의 텃밭에서 일구어낸 시의 결실들, 그걸 갈무리했다가 이번에 출간하게 되었다. 첫 시집 『내가 쏘아올린 화살』을 낸지 실로 8년만의 과작寡作인 셈이다.

동서고금 많은 시인들의 주옥같은 시작품과 시론들이 넘실대는 저 드넓은 '시의 바다'에 내 어쭙잖은 시작품 몇 편을 조각배에 실어 띄우는 심정이다. 다행히 이 시편 중 단 한편의 시작품이라도 어느 누군가의 영혼을 촉촉이 적셔줄 수 있다면 하는 소망으로 이 시집을 낸다.

그런 연유로 나는 「큰 바위 얼굴」의 소년처럼 기존에 존재했던 것들보다 좀 더 나은 새로운 지평을 열어갈 양질의 시 창작을 갈망하면서 오늘날까지 제2시집의 출간을 미루어 왔다. 그렇지만 첫 시집과의 시간의 간극이 너무 심해 자칫 그 연속성을 잃지 않을까 염려되어 만족치는 않지만 시집을 출간하기로 하였다. 이번 시집 출간을 기회로 심기일전하여 한 단계 높은 양질의 시작품을 일구어낼 수 있는 발전적인 계기가 되었으면 하는 바람 간절하다.

이번 시집 속엔 아내(松谷 金美姬)의 수묵화 몇 점을 책 머리에 올렸다. 시집 『산도화 피는 마을』을 출간하면서 2008년 등단 당시 심사위원의 한분으로 격려의 말씀을 아끼지 않으셨던 故 김규동 시인은 물론 이번 시집출간에 많은 도움을 주신 황송문 교수님을 비롯한 우리 문학가족 문우들과 나의 가족들의 성원에 깊은 감사의 말씀을 드린다.

檀帝紀元 4350年(서기 2017년) 4월 12일
당산수재堂山修齋에서 백은栢垠 윤재학尹在學 적음

차 례

제2부 파랑새

제3부 동방의 해 돋는 나라

제4부 영혼의 집

제5부 밤의 뮤즈

제1부

산도화 피는 마을

세모시 적삼

세모시 적삼
눈부신 한여름

육목단 아문 꽃자리
눈물이 서려

창포물에 곱던 아미
새하얀 모시

청포도 알알이 박혀
새하얀 구름

조선여인의 품새를
더욱 높이니

청자빛 하늘아래
곱고 고운 자태

곡두선曲頭扇이
스치는 풍경소리

서연한 아름다움
조선의 여인

춘란春蘭 완상玩賞

봄 햇살을 타고 올라온
가느다란 꽃 대궁의
품새가 사뭇 싱그럽다.

만화방초 흐드러진
바깥세상과는 달리
장지문 창호에 드리운
고즈넉한 동양화 한 폭

가녀린 바람결에
집안 가득 은은히
번지는 방향, 옷깃 여며
조용히 붓을 들어 난을 친다.

고매古梅

잔설 잦은 골짜기
양지바른 고택古宅

수령 삼백 여년
고풍스런 고매古梅 한 그루

토담 너머 너머
물오른 가지 가지마다
매화향기 홀로 가득하니

고즈넉한 그 자태에
우련히 번져가는 향기
낙목한천落木寒天에 저 홀로 그윽하다

봄이 오는 길목

봄이 오면
나의 몸 여기저기에도
근질근질 새싹들이 돋아난다.

그중에서도
두 손과 두 발의
열 손가락과 열 개의 발가락 끝
미세혈관과 말초신경은 수액樹液으로 넘쳐난다.

두 팔과 두 다리는
강인한 나무의 줄기,
그에 딸린 손가락과 발가락들은
줄기에서 뻗어 나온 부드러운 가지들……

봄이 오면
그 가지에서 나날이
돋아나는 새파란 이파리들
그것은 하늘의 천기天氣가 흐르고
땅 속의 지기地氣가 흘러드는 합일의 활력소

봄이 오는 길목
심장과 온몸의 혈관은
펄떡펄떡 활력으로 넘치고
나의 몸은 수액을 끌어올리는
하나의 움직이는 풋풋한 나무가 된다.

파적破寂

연꽃 연못 속에
청개구리 한 마리

두 눈 또록또록 ~ ~ ~
연잎 위에 앉아 있다가
폴짝, 포물선을 그리는 낙하
퐁당! 떨어지는 느낌표 하나

물위, 정적을 깨면서
번져가는 동심원同心圓
그리고는 이내 젖어드는 정적

호호好好 풍경

만화방창 호시절
어야디야 좋을시고!

바깥 정원에는
모란꽃 향기 그윽하고

내실에는 실바람에
발그레한 아기 두 볼

엄마 눈에 맞추어
까르륵! 어여쁜 입술

엄마가 아기에게
넘쳐나는 젖을 물리면

속잎 피어나는 열두 굽잇길,
푸른 산을 울리는 꾀꼬리 소리

산도화 피는 마을

차창 너머로 비추는
산도화 피는 마을
차단한 내 사랑도
거기에 있었으면 좋겠네.

외로운 나의 영혼
옹달샘, 맑은 물
표주박으로 퍼 올려

지나가는 나그네
복사꽃 몇 닢 띄워
잠시 땀 식혀줄 그런 손길,
수줍은 듯 두 볼 발그레한 낭자
꼭꼭 숨긴 보물인 듯 있었으면 좋겠네.

이발소에서

오래된 가죽혁대에
쓰윽쓰윽 날을 세우는
이발소에 와 앉으면, 비로소
허공 속에 떠돌던 내 얼굴을 만난다.

새삼스레 거울에 비치는
얼굴 속 그 많은 굴곡들
오랜 세월의 강물을 노저어온
흔적들이 측은하고도 대견하기만 하다.

이발사의 손길 따라
싹둑싹둑 잘려나가며
떨어지는 쇠락한 머리카락,
거친 숲을 다듬는 정원사의 손길
그의 얼굴에도 세월의 흔적이 역연하다.

산사의 봄

윤사월閏四月
산도화山桃花 번져가는
작은 산사에 이는 봄 물결

연두 빛 경내境內
햇빛 정갈한 마당엔
구구구 날아든 산비둘기 한 쌍
여래상如來像 뒷방 대뜰에
봄 햇살 속, 가지런히 놓인
납작하고 조그마한 하얀 고무신

수묵화 비구니比丘尼
고운 아미蛾眉, 파르란 머리
연꽃처럼 피어난 발그레한 얼굴

봄바람에 산사 처마 끝에
가녀리게 번져가는 풍경소리……
속세를 떠난 젊으나 젊은 여승
무르녹아가는 이 봄을 어찌할까나

산동마을

봄을 따라 나선 여행
지리산 자락
구례군 산동마을

파란 보리밭
푸릇푸릇한 풋마늘
병아리 솜털처럼 피어난
노란 산수유 꽃

부풀대로 부풀어 오른
봄의 절경……

어느 화가가 있어
이렇게 고졸한 풍경화를
그려낼 수 있을까.

요람의 아기에게

아가야, 우리 아가야
너는 멀고 먼 그 옛날
이 아빠의 소망 속에서도 있었고
이 엄마의 소망 속에서도 있었느니

어느 휘영청 달 밝은 밤
달빛을 머금어 온 세상이
은빛으로 은은히 빛을 발할 때
청춘남녀 간의 사랑의 신비
드디어 엄마아빠의 소망이 이루어져
사랑의 결실이 엄마의 아기궁전을 통해
이 세상에 고고성呱呱聲을 울리었느니

아가야, 우리 아가야
너는 눈부신 햇살 아래, 응당
모두에게 축복받아도 마땅할 생명이구나.

고사리 손들

저요!, 저요!!, 저요!!!

봄 햇살 속에
일제히 손을 들고
일어서는 고사리 손들

봄비 내린 산천
하늘바라기 만세소리
바람꽃, 복수초, 노루귀
봄꽃 삼총사에 뒤질세라

달래, 냉이, 씀바귀에
슬픈 엘레지, 애기똥풀, 별꽃
온갖 여린 풀꽃들의 환호성

땅에 뿌리를 박고
빗물을 빨아올리며
온 천지, 떠나갈 듯
저마다 뽐내며 외치는 소리

저요!, 저요!!, 저요!!!
봄 하늘을 흔드는
귀여운 고사리 손들

일출日出

밤새도록
여의주를 굴리다가
이를 토해내는 잠룡潛龍 한 마리

드디어 불끈 솟아오르는
오메가Ω형, 불덩어리 붉은 태양
이는 온 세상, 생명의 원천源泉

새들은 다시 하늘을 날고
드넓은 들과 푸른 숲엔
또다시 깨어나는 생명의 숨소리
검푸른 바다, 출렁이는 대양의 노래

둥 둥 둥 ~ ~ ~
둥 둥 둥 ~ ~ ~
수평선 현絃을 울리며
하루를 여는 저 신비스런 북소리

아침 해

아침햇살이 번진다.
장지문에, 나무 위에
그리고 이슬 맺힌 풀잎 위에

아침물결의 찬가
숲 속 새 한 마리
뜨락 푸른 나무에 날아와
맑은 아침을 노래한다.

삶의 아름다운 조화調和
오늘도 다시
장미꽃이 피어난 꽃밭엔
벌 나비가 날 것이고

걸음마 배우는 아기들은
푸른 잔디 위로 아장아장
걸음마를 걸을 것이니

빨간 우편함속에는
그리운 이의 소식이
담겨있을지도 모를 일……

살아가는 것은 이처럼
꿈을 키워가는 일,
빙그레 웃는 아침 해가
오늘도 어쩐지 좋은 예감이다.

아침을 열며

하루를 여는 새아침
그 첫 페이지, 첫 장……

나는 마치
아름다운 시집詩集의
그 첫 페이지를 열듯이
새아침을 연다.

내게 주어진
얼마나 소중하고
유일무이한 금쪽같은
하루의 일상인가

오직 나만이
재단할 수 있고
이루어 낼 수 있는
소중한 시간과 공간……

나는 매일 아침마다
이러한 마음으로
나의 하루를 연다.

아침이슬

언제 내 영혼이
저처럼 아침햇살에
초롱초롱 눈부시게 빛나는
아침이슬처럼 되랴

밤새도록 어둠속에서
모든 잡티를 걸러낸
해맑은 증류수, 물방울
밤새 별들이 머물다 간 꽃자리……

언제 내 영혼이
저처럼 아침햇살에
초롱초롱 눈부시게 빛나는
아침이슬처럼 되랴

봄의 찬가

젊은 부부 베란다엔
제라늄 화분이 내걸리고
연두색 봄 하늘엔 솜털구름

대지는 겨울잠에서 깨어나
긴 호흡, 활짝 기지개를 켜노니
얼마나 기다렸던 봄의 훈향이련가

대지는 모든 생명의 어머니,
이제 다시 그 젖꼭지를 물리니
물오른 가지마다 피어나는 맹아의 신비
들녘에는 봄을 일구는 농부들의 바쁜 손길

활력으로 넘쳐나는 학교
하늘 높이 휘날리는 태극기
봄나물 내음 물씬 풍기는 시장골목
새롭게 단장한 쇼윈도의 투명한 햇살

먼 남쪽 바다, 그 파란 물
그 부드러운 바람을 타고 들려오는
남도의 꽃소식, 강진 백련사 동백꽃 숲길
섬진강 언덕위에 흐드러진 매화꽃 꽃구름
구례 산동마을에 피어나는 새노란 산수유 꽃

얼마나 고대했던 봄의 훈향이런가
피어오르는 연보라 봄의 숲길을 거닐며
새소리 함께, 나 역시 한 그루의 물오른 나무

봄이 오는 남해들녘

남해바닷가 공룡발자국
그리고 남녘 이곳저곳의 고인돌
선사 이전의 멀고 먼 생명의 발자취,
또다시 봄이 오는 남해 들녘, 숙연한 마음……

어쩌면 반만 년 전의
우리 역사를 훨씬 뛰어넘는
가슴 뜨거운 생명의 흔적들이려니

우리가 딛고 선 이 땅의
숭고함의 낙관落款이랄까
이른 봄, 하늘을 흔들며 다가오는
수수만년 전에 살았던 생명의 소리들

우리가 태어나 살아가는
이 땅의 가슴 뜨거운 숨소리
봄이 오는 남해들녘, 그 열기에
물기 오른 애틋한 생명의 포자胞子들……

일제히 깃발을 흔들며 다가오는 봄, 그중에
나 역시 봄을 갈망하는 뿌리 깊은 한 그루의 나무

제주도의 봄

동안거冬安居를 마치고 난
다도해 으뜸 섬, 제주 앞바다
빙그레 웃음 짓는 봄 햇살 속에
쪽빛 바다 물결이 사뭇 곱살스럽다.

꿈틀거리며 다가오는 봄길
올레길을 따라가노라면
갯바위에 부딪치는 물결소리
가슴을 울리는 가락이 되고
푸르러가는 오름 속 풍경들은
또 한 폭의 진경산수화眞景山水畵려니

노란 유채꽃 물결 남실남실
날로 무르익어가는 섬, 제주도의 봄
'간세다리*가 되어 놀멍 쉬멍* 가이소'
정겹게 들려오는 제주 섬 할망의 사투리
파릇파릇 크고 작은 오름 속에 나부끼는 깃발……

* 간세다리 ; '게으름뱅이'라는 뜻의 제주도 방언
* 놀멍 쉬멍 ; '놀다가 쉬다가'라는 뜻의 제주도 방언

산수유 꽃마을

산수유 마을
노란 산수유 꽃
화사한 수채화 한 폭

그 아래, 병아리들
'삐약 삐약' 종종걸음
이리저리 어미닭을 좇고

빙그레 웃는
머언 하늘 꽃구름,
방금 울리는 은방울 새소리
우리들 세상은 얼마나 아름다운가!

봄의 전령사

물오른 가지 위에
이름 모를 산새 한 마리
날아와 아침을 노래하다가
어디론가 포르르 날아갔나니

이는 필시
숲의 여신이 보낸
봄의 전령사가 아닐런지

그래도 아직은
먼 산 머리위에는
하얀 고깔모자 남아있고
가끔, 창문을 흔들며 불어오는
심술궂은 꽃샘바람……

봄은 이렇게, 시나브로
들숨과 날숨 속에
우리 곁에 수런대며
서서히 찾아오는가 보다.

제2부

파랑새

파랑새

푸르른 5월,
맑은 아침이슬을 머금고
하늘높이 날아오르는 파랑새
금빛 태양의 후광이 눈부시다.

나도 따라 오른다.
상상의 나래, 조감도鳥瞰圖……
내가 살고 있는 마을
내가 살고 있는 집
이리저리 이어진 길과
실개천, 징검다리 건너
푸르른 숲과 연두색 들판

파랑새가 뿌리고 날아간
여린 생명의 씨앗들, 하나 가득
터지는 생명의 소리, 너무나도 경이롭다

동백꽃

다산 선생의 목민심서牧民心書
그 정신이 깃든 강진 동백꽃 숲

아직도 추운 겨울 하얀 도화지
다산의 유배지, 백련사 그 옛길
그 옛날이 어제이런 듯 새로워라

한겨울 가지마다 푸르른 잎사귀에
수줍은 듯 곱게 피어난 붉은 꽃초롱
그 사이 작은 동박새 이리저리 날갯짓소리

풀잎달팽이

푸르른 5월
때는 이른 아침
맑은 이슬 잎새 위에 구르고

붉은 해는 마치
방금 세수라도 하고 나온 듯
티 한 점 없이 맑고 청결한 얼굴

푸른 이끼 낀 정원엔
봄기운을 흠뻑 머금은 초록색 융단
그 속에 별처럼 피어난 각종 예쁜 꽃들

생명은 경이로워라.
등에 굳은 등껍질을 이고
푸른 이파리로 기어오르는 풀잎달팽이
때를 맞춰 자신만의 생명을 위한 아주 느린 행보行步

애벌레의 꿈

늘 기어 다니면서
살아가는 하찮은 애벌레
생명의 단초端初는 이토록
가련하고도 볼품이 없으렷다.

그러나 그 허물을 벗은 후
훨 훨 훨 날아, 꽃을 찾는
화려한 변신의 나비를 보라
벌들과 함께 펼치는 랑데부
훨 훨 훨 꽃잎 속을 파고들어
열매를 맺게 하는 생명창조의
촉매자로서의 엄청난 기적의 역사

우리 사는 세상도 어쩌면
이런 기적들이 하나 둘씩 쌓여서
좀 더 좋은 미래로 발돋움하는 게 아닐는지

유년의 강물

오늘도 내 가슴속엔 유년의
그 맑은 강물이 유유히 흘러갑니다.

어머니, 그 맑은 강물에
옥양목 호청을 양잿물로
하얗게 빨아 해바라기하시던
흰 모래 찰랑거리던 조약돌 강변……

어머니 주변을 맴돌며
찰방찰방 물장구치며, 때로는
퐁 퐁 퐁 물보라 물수제비도 뜨고
물새소리 산울림처럼 맑게 번져가던 곳,
종종 꿈속에서 어머니를 따라나서던 그 강변……

오늘도 내 가슴속엔 유년의
그 맑은 강물이 유유히 흘러갑니다.

꿈의 향연饗宴

5월은 자연이 펼쳐 보이는
시집 속, 가장 아름다운 페이지
사계절 중, 지상최대의 꿈의 향연

부푼 꿈을 향해
나날이 변해가는 풍경
앙상하게 마른 담쟁이넝쿨에선
가지마다 부드러운 이파리가 돋아나고

하얀 목책담장을 따라
피어오르는 장미꽃의 훈향
창문을 열면, 길을 따라 저 멀리
늘어선 속잎 피어가는 백양나무 행렬

그에 더하여
바람결에 내 두 귀를
간질이며 들려오는 새소리는
무위無爲로 베푸는 대자연의 하모니

5월은 자연이 펼쳐 보이는
시집 속, 가장 아름다운 페이지
이는 계절이 베푸는 지상최대의 꿈의 향연

오죽헌烏竹軒 목련 꽃구름

오죽헌烏竹軒 봄바람에
검푸른 댓잎 물기 오르고
목련 가지마다 하얀 꽃봉오리

이는 그 옛날, 신사임당申師任堂
수묵화水墨畵 그린 연후, 그 붓을
맑은 물에 깨끗이 헹구어 가지마다
걸어놓아 해바라기 하는 모습이려니

올해도 어김없이
새봄은 다시 돌아와
연두 빛 먼 하늘가 가지마다
하얗게 해바라기하는 목련 꽃구름

삼거리 목로주점

삼랑진삼거리 목로주점
아득히 멀고 먼 옛일이려니
쓰러져가는 삼 칸 두옥斗屋 주막집
그래도 그곳엔 볼만한 풍류가 잠겨있었지

그 집 울안에는
커다란 살구나무 한 그루
만발한 살구꽃 꽃구름 사이로
가지마다 붕 붕 붕 벌 나비 날고

그 아래 꽃그늘 주막에선
길 가던 나그네들 짐을 풀고
허허로이 소찬에 권勸커니 자酌커니
가던 길을 멈추고 잠시 봄을 즐기던 옛 풍류

지금은 사라진 아득히 멀고 먼
그 옛날 삼랑진삼거리 목로주점, 오래전 이야기……

바닷가 아이들

푸른 바다
빛나는 태양,
먼 남쪽나라 섬 아이들
하얀 모래, 바닷가에 나와 뛰어놉니다.

출렁이는 파도
모래성을 쌓는 아이들
그림을 그리는 아이들
조개껍질을 줍는 아이들……

이곳은 아이들의 천국
저마다 나름대로 하고픈 일을
마음껏 펼치며 뛰어노는 놀이터
호연지기, 호기심에 가득 찬 눈동자들
저절로 터져 나오는 저 천진한 웃음소리……

'아이는 어른의 아버지'
우리들 인생 역시 그러할지니

단 한번밖에 주어지지 않은 인생
하고픈 꿈을 마음껏 펼치고 떠나갈 때
이 세상은 더없이 행복하고 즐거운 곳이 되려니

* '아이는 어른의 아버지'는 영국의 시인 윌리엄 워즈워스(1770~1850)의 시 「무지개」에 나오는 시구를 인용한 것임.

한여름 밤의 꿈

드높이 날고 싶다.
난장이들이 쏘아올린
크고 작은 공들을 헤치고,
우주의 신비를 탐사하기 위해
밤하늘 저 멀리 다른 별을 찾아 날아가는
우주탐사선 파이오니아처럼……

뉴턴을 뛰어넘은
아인슈타인의 우주공간,
시간과 공간을 허물어 버리는
다할 수 없는 이 쾌감, 그 상승작용
인간이기에 꿈꿀 수 있는 한여름 밤의 꿈

반딧불이, 앞내에 맑은 물소리
별들이 쏟아져 내리는 한여름 밤,
정자에 앉아 나 혼자만이 간직한 소망

밤하늘 저 멀리 빗금을 그으며 떨어지는 별똥별
나도 저들과 함께하는 밤하늘의 길동무가 되고 싶다.

* 파이오니아 : 미국 NASA가 1958년부터 태양계의 행성과 우주탐사를 위해 여러번에 걸쳐 우주로 쏘아올린 우주탐사선

연못에 내리는 비

여름 한낮에
연꽃 핀 연못위에
자장자장 꽃비가 내립니다.

음유시인이 읊는
시의 운율인 듯
조용히 연못을 적시며
방울방울 떨어지는 빗줄기……

더러는 수면 위에
퐁 퐁 퐁 맑은 소리를 내며
동심원을 그려 번지는가 하면

더러는 넓은 연잎에 떨어져
투명한 물방울로 또르르 구르다가
힘에 겨운 듯이 연못위에 쏟아냅니다.

비오는 날에 펼치는
이 한 편의 아름다운 동영상動映像 수채화
그걸 바라보는 내 마음, 더없이 호젓합니다.

파초芭蕉의 꿈

연보라색 남쪽 바다
물비늘 처얼석 처얼석
갯바위에 부딪치는 파도소리

언덕위에 하얀 집
푸른 해원을 향한 향수
남국의 서정, 드넓은 이파리

비치파라솔 저 멀리
붉은 태양아래 흔들리는 수평선
여름 한낮의 갈매기, 푸른 손수건
외로운 그림자, 파초芭蕉의 꿈은 애달프다

성하盛夏

새하얀 구름
세모시 한나절
기척 없는 짙은 그림자

그렇지만
가만히 귀 기울이면
저만치 풀잎이 자라는 소리
푸른 산 나무들이 자라는 소리

바지랑대 위에는
고추잠자리 한 마리, 겹눈
앉을까 말까 갸웃하는 날개짓 소리

비가 내리는 날이면

오늘처럼 비가 주룩주룩 내리는 날이면
내 가슴속에 고이 간직해 온 성역聖域의 땅
성벽너머 푸른 솔 고향 마을에도 비가 내린다.

불어난 개여울소리에
소를 탄 목동牧童의 피리소리
이리저리 뛰노는 하동河童들 웃음소리
동헌마루엔 남녀노소, 부침개 구수한 내음
빗속에 벌어지는 대동마을 온 마을 흥겨운 잔치

오늘처럼 비가 주룩주룩 내리는 날이면
내 가슴속에 고이 간직해 온 성역聖域의 땅
성벽너머 푸른 솔 고향 마을에도 비가 내린다.

야생의 원색지대

소나기 지나간 자리
비 그친 7월의 골짜기에
이파리마다 맺힌 영롱한 물방울

스르르 꽃뱀이 스며드는 돌무지
산딸기덤불에선 후드득 장끼가 날고
비릿한 한여름 속에 깃든 원초적 생명

하늘로부터 쏟아져 내리는 햇살
그 풍경 속에 서있는 소년의 얼굴
그에게서 고독한 영혼의 흔적을 본다.
그만이 야생에서 살아남을 호모사피엔스

하늘호수에 잠긴 우듬지

생명의 전위前衛
가장 여린 이파리들
하늘호수에 잠긴 우듬지
그 호수 위로 흐르는
구름과 바람을
가장 예민하게 받아들이는 곳

바람 속에 휘파람새들이
잠깐 쉬었다 가며
가장 높은 음으로 노래하는 곳

마냥 하늘을 흠모해
오늘도 맑은 호수 속에
온몸을 씻어내며 햇볕에 뒤척이는
여름 한낮의 우듬지
펄럭이는 생명의 향연
노스탤지어, 휘날리는 연녹색 스카프

주말 등정

주말을 맞이하여
몇몇 친구들과 함께
모처럼 오르는 교외 산행 길

태양을 머금은
짙푸른 숲의 향연
그 그늘을 지난 구릉지
산 정상을 향해 오르는 길목
오를수록 가파른 비탈, 급경사
숨이 턱에 닿을 듯 거칠어지는 호흡

드디어 산의 정상에 올라
한눈에 내려다보이는 풍경
한편의 아름다운 입체 조감도
푸른 들인가 하면 새파란 호수
아득한 도시의 조형미, 그리고는
거미줄과도 같은 이리저리 이어진 길

새삼스레 다시 바라다 본
신이 이룩한 대자연의 파노라마
땀 흘려 오른 자만이 느끼는 카다르시스

안개 낀 강변에서

안개 낀 강변에서
둥근 돌을 헤치며 흘러가는
물소리, 그 젖은 물소리를 듣는다.

보이는 것만이 전부가 아닌 세상
그 강변에 내가 서있다. 거기엔
오직 한 가지, 흐르는 물소리 뿐

맑은 날이건, 흐린 날이건
물의 속성은 흐름으로
그 진가를 드러내려는 듯

상선약수上善若水라던가…
흐르는 물은 썩지 않는 법
내 인생도 역시 그랬으면 싶어

안개 속 물소리
조용히 귀 기울여, 그 속에
함축된 깊고 깊은 의미를 되새긴다.

노을 속에서

붉은 노을 속 부조浮彫
그것은 마치 도시 전체가
절대자의 권능에 의해 새겨진
거대한 바로크식 조각 작품이려니……

그 우련한 색조 속에
울려 번지는 미세소리의 맥놀이,
지금은 기도의 시간, 이 세상을 위해
나의 작은 소망을 위해, 하늘을 우러르는 시간

저 멀리 사원寺院의 북소리
둥지를 찾아가는 새들의 무리
곧 다가올 어둠 속 별의 바다, 내 그곳에
무거운 일상을 내려놓고, 하늘 길을 찾아가는 시간

밤하늘의 뱃사공

나는 밤하늘에
조각배를 타고 가는 뱃사공

나는 밤새도록
수많은 별들 사이를
이리저리 노 저어 가는 뱃사공

아무리 노를 저어도
끝이 보이지 않는 밤바다

내가 꿈꾸는 나라, 언제
그곳에 닻을 내릴 수 있을는지……

달맞이꽃 피어나는 밤

달맞이꽃 피어나는
깊고 고요한 밤
하얀 창호에 드리운
젖은 달그림자……

청동촛대에
촛불을 밝히면
방안 가득 번지는
봉황새 날개짓 소리
조용히 눈을 감으면
내 영혼, 돛단배 띄워
'지국총 지국총' 노래 따라
뱃전에 튕겨 오르는 물보라

그에 따라
푸른 섬들 사이
뱃노래 이어가노라면
속세에 묻혔던 그 많은 티끌
씻은 듯이 저 멀리 사라져가네

제3부

동방의 해 돋는 나라

명징한 삶

미국의 자연주의 철학자
헨리 데이비드 솔로우,
일본의 거리의 시인
나나오 사카키(ななお さかき)
그리고 우리나라의 학승 법정法頂 스님

하나같이 무소유를 실천하다가
바람처럼 스러져 간 사람들……

풍요의 시대
그들의 간곤했던
육신의 집은 간 곳 없건만
그들이 남기고 간 영혼의 빛은
아직도 사표로서 온 누리에 빛나고 있네.

동방의 해 돋는 나라

인의예지仁義禮智로 빛나는
동방東邦의 해 돋는 나라

백두산에서 한라산까지
백두대간으로 이룬 금수강산

봄, 여름, 가을, 겨울
사계절이 뚜렷한 반도 삼천리

단군신화에서 비롯된
홍익인간으로 면면히 이어온 역사

팔만대장경과 훈민정음
불교문화와 선비정신의 문화민족

천지인(天地人○□△)사상으로
활 잘 쏘고 가무를 즐기는 동이족

을지문덕과 이순신 장군
그 기개와 충정으로 빛나는 나라

동 · 서 · 남해의 물결소리
활력에 넘치는 대양의 전초기지

인천국제공항을 넘나드는
세계를 향해 뻗어나가는 코리아 드림

그 속에서 일취월장
무럭무럭 자라나는 글로벌 청소년들

세계는 부른다. 꿈을 지닌
준비된 우리 젊은이들의 지혜와 웅지를……

길 위의 길

오늘 아침에도
이 작은 나라에 사는
잔잔한 행복들이 찾아와
나의 창문을 똑똑똑 두드립니다.

꿈속에서 일어나
창문을 활짝 열면
눈부신 아침햇살의 폭포수

하늘로 이어진 길 위엔
전에 내가 살아가며 남긴
발자국들이 희미하게 남아있고
새로 남기고 갈 발자국을 기다립니다.

이 목숨 다하는 날까지
나는 이 길을 갈 것입니다.
푸른 숲, 새들이 노래하는
이 작은 천국, 그러다가

뚜벅뚜벅 하늘로 뚫린 길을
나 혼자 조용히 걸어갈 것입니다.

선남선녀善男善女

밤마다, 밤마다
깊은 샘물을 퍼 올리는
여인이 있어……

밤마다, 밤마다
깊은 샘물을 퍼 올리는
여인이 있어……

세상은 이렇게도
맑은가보다

날마다, 날마다
해를 향해 화살을 겨누는
사내가 있어……

날마다, 날마다
해를 향해 화살을 겨누는
사내가 있어……

세상은 이렇게도
밝은가보다

서화선書畵扇

모시옷 함께 곁들인
서화선書畵扇의 풍류

한여름을 나기엔
그만한 운치가 없느니

서안書案위엔 읽던 고전
정갈하게 놓여 있으니

거기에 더 바란다면
장독대에 윤기가 흐르고

백일홍, 봉선화 피어나고
문갑 위에 난 화분 하나 쯤

이따금 성긴 발 사이로
가녀리게 번져가는 풍경風磬소리

한여름날의 꿈이려니
이 호사, 남가일몽이 아닐는지

선율旋律

가녀린 손길
선녀의 섬섬옥수

가슴 속 현을
고르고 골라

이 세상에
가장 아름다운
선율을 울려다오

그로 인해
내 가슴 속에 이는
영혼의 물결

이내 하늘에 닿아
달빛에 떨어지는
오동잎 소리

이 세상 일이 아닌 듯
흐느끼는 나의 영혼

풍류風流

그 옛날 팔선녀들이
내려와 목욕재계한 후 노닐다가
하늘로 올라갔을 법한 심산계곡 너럭바위

오늘은 한 무리의 풍류가객들
눈부신 햇살, 폭포수소리에 맞춰
살며시 하늘 문을 열어 풍류를 즐기노니

청구영언青丘永言, 해동가요海東歌謠
평시조, 엇시조, 사설시조 가락에
높고 낮은 현금弦琴의 선율旋律에 따라
주거니 받거니 읊으니 한산모시 춤사위라

새하얀 학의 무리 흰 구름 속을 넘나드니
떨어지는 폭포수에 산천경개 이 아니 좋을시고
이를 두고 온고지신에 법고창신이라 이르리니
이보다 더한 풍류 그 어느 곳에 만날 수 있을런가?

그네뛰기

이팔청춘,
한창 피어난
어여쁜 꽃 한 송이……

오늘은 단오절
검은머리, 고운 아미
발그레한 두 볼, 앵두 같은 입술
영락없이 그 옛날 광한루의 춘향이려니

오늘따라 호사를 다한
잠자리 날개 같은 옷매무새
갑사甲紗댕기, 어여쁜 치마저고리
외씨 같은 하얀 버선, 옥색 꽃신이렸다.

오늘같이 좋은 날
시원한 느티나무 그늘
한번 발을 구르면 마을 어귀
푸른 들판이 한눈에 들어오고

좀 더 세게 발을 구르면 펼쳐지는
임금님 병풍그림, 일월오봉도日月五峯圖라

천상천하 무아지경 이에 이르니
마지막으로 온 힘을 다하여 발을 구르면
출렁이며 다가오는 금강산 일만 이천 봉峯이어니
창포 푸르러가는 호시절, 이 호사를 그 뉘 알리오리까.

떠나가는 황포돛배

만경창파 배 떠나네.
푸른 물결 헤치고 배가 떠나네.

우리 님, 소금 실은 배
가뭇없이 푸른 물결, 흰 갈매기 떼

떠나가는 배, 이제 떠나면
언제쯤이나 돌아올 수 있으려나?

기약 없는 한양 마포나루터
언제쯤 짐을 풀어, 여기저기 서둘러

피륙이며 놋그릇, 우리 아기 꼬까신
사오실수 있으려나, 아아 우리 낭군님

비나이다, 비나이다. 용왕님께 비나이다.
그저~ 그저~ 굽어 살피시어 우리 낭군 가는 길에
순풍에 돛단 듯 그저 무탈하게 바닷길을 열어주시옵기를

소쇄원瀟灑園에서

푸른 죽림 너머로
소슬한 바람 이는 곳
연못 위엔 연꽃이 그린 듯하고
오랜 세월이 내려와 그림자 지는 곳

그 옛날에
시인묵객詩人墨客들과 선비들이
학문과 시詩 · 서書 · 화畵를 즐기고
세상 살아가는 경륜을 논하던 곳

내 이곳에 이르러
잠시나마 그 옛날 선비들의
발자취를 더듬노니 죽림 사이 새소리
옛 선비들이 읊던 풍월風月의 환청이 아니런가?

물에 씻긴 돌

바람에 깎인 돌보다
물에 씻긴 돌이고 싶다.
수수만년 물에 씻긴 돌이고 싶다

때로는 천둥번개 속 미친 듯
휘몰아치며 흐르는 물 속
때로는 졸졸졸 고요한 음률 속에
그 내면을 닦으며 흐르는 물 속

길고 긴 세월, 시종여일하게
둥글게 마모되어 가는 돌의 형상
그 어느 수행자보다도 높은 경지의
그 시간의 간극과 무언의 함묵緘黙이려니

월하노인月下老人

나는 이 세상
철학을 모릅니다.
역사와 지리는 물론
물리와 수리도 모릅니다.

다만 흐르는 물소리와
숲을 스치는 바람소리
그 속에 집을 짓고
철없이 해와 달 속에
묻혀 살아가는 월하노인

봄이면 꽃 속에 묻혀
여름이면 푸른 숲에 묻혀
가을이 오면 말갛게 헹군
하늘과 숲을 바라보는 마음

저 만치 떨어져
살아가는 이 한 세상

누가 물으면 나는 바보라고
나는 정말 바보라고 이르리라.

지혜의 샘물

내가 물려받은 육신은
어디에서 왔는가?

그 육신 속 영혼은 또한
어디로부터 왔는가?

이 알 수 없는 물음에
이 한 밤을 지새운다.

이 같은 문제가 어찌
나 혼자만의 문제이랴

묻고 또 물어도
풀리지 않는 우리들
인생의 명제命題

밤마다 물으며
찾아가는 나의 길,

가장 낮은 곳에서
샘솟는 지혜의 샘물

나는 항상
그 샘물을 마시며
나의 길을 묻는다.

그리고 그 명제 앞에
겸손을 배운다.
한 없이 작고 작은 나를 배운다.

내 마음속 강물소리

정중동靜中動
오늘도 내 마음속엔
푸른 강물이 흘러갑니다.

때로는 졸졸졸
돌과 돌 사이를 헤집고
잔잔히 흐르다가, 어느 때엔
넓은 벌을 유유히 흘러가는
암유暗喩의 잠언箴言, 깊은 강물소리……

강물은 온 대지의 혈맥,
더러는 구름으로 떠올라
하늘을 떠돌다가 비로 내리니
대지를 적시는 물의 선순환善循環

하지만 때로는 거친 폭풍우로
대지의 평화를 할퀴고 지나가지만
이 또한 진정한 물의 본성이 아닐지니

지금, 내 마음속 강물은
드넓은 강 하구河口, 기름진
삼각주三角洲 갈대숲에 이르러
'우우우, 우우우' 깊은 속울음으로
속절없이 바다로 흘러가는 강물이려니

머지않아, 이 세상에서 가장 낮은 끝자리
용융熔融의 바다에 이르러 다시 하늘로 오를 꿈을 꿉니다.

어머니의 초상肖像

희뿌연 동경銅鏡
내 어머니의 세월이
거기에 있었네.

꽃피는 새댁이었다가
중년의 여인네이었다가
할머니가 되어 돌아가신
내 어머니의 일생이
거기에 오롯이 있었네.

봄 여름 가을 겨울
그 많은 세월의 덤불 속
어쩌다가 찍어 바른
동동구루무, 박가분粉
쪽진 머리에 동백기름,
모처럼 나선 나들이 길……

그렇지만 인생의 태반은
대동아전쟁, 놋그릇 공출供出
6 · 25 동족상잔, 피어린 강산
모질고 허기진 세월 보릿고개,
그 길고 긴 간곤의 세월……

하늘 구만리
이제 모두 접어두고
아련히 들려오는 포곡새소리,
청라언덕 청솔 숲에 누워계시니
불현듯 가슴 아리게 다가오는
그리움, 내 어머니의 초상肖像……

정화수井華水

은하수 물결 속에
어머니가 떠 놓은 정화수
새벽이슬에 젖어 반짝이는 샛별

밝아오는 꼭두새벽
꽃보다 더 아름답게 피어나는 아침
이 어미의 가슴 속, 그 진주눈물을 밟고 가거라.

나의 사랑하는 아들아
너의 청춘을 기다리고 있는 저 넓은 곳으로
오직 진실만을 노래하며 세상풍파 고난을 넘어……

멀고 먼 훗날, 너의 청춘이 시들어버린 날
그 아문 꽃자리에 오늘의 아린 아픔이
아름다운 추억으로 남을 수 있도록
인생에 최선을 다 하여라.

아들아, 나의 사랑스런 아들아!
어머니의 그 간절한 소망, 정화수 한 그릇

수묵화水墨畵 우정

정갈한 한지韓紙에 스며드는 수묵화水墨畵
그 은은한 묵향墨香과 농담濃淡이 담긴 필묵筆墨의 여운餘韻

그런 번짐과 스며듦의 우정이라면 좋겠네.
저녁노을 속 맥놀이, 그런 우정이라면 좋겠네.

꽉 찬 밀림이기보다는
드문드문 햇살이 스며들고
바람숨결이 노닐다 갈 수 있는
내면이 성근 여백餘白의 공간미학,
그런 우정이었으면 더욱 더 좋겠네.

그대가 있고 내가 있고,
내가 있기에 그대가 존재하는
아주 아주 드물게 만나는 그런 우정
그런 우정 하나 가꾸다 가면 정말 좋겠네.

순아, 우리 그렇게 살자

푸른 산,
맑은 시냇물
곱게 자란 순아
우리 함께 살자구나

저 언덕 넘어
밝은 해가 돋아나고
맑은 달이 빙그레 솟는 곳

그곳에 우리 작은 집을 지어
꽃밭에는 어여쁜 꽃씨 뿌리고
텃밭에는 철따라 푸른 채소를 심어

새소리에 일어나
몰려드는 맑은 공기
아침이면 배낭을 둘러메고
심산유곡 거닐다가 돌아와 우리
하루를 내려놓으며, 우리 에덴동산
그렇게, 그렇게 철없이 살아가자구나

새벽을 깨우는 물소리

우리 엄마, 사기그릇에
새벽을 깨우는 맑은 물소리
때로는 '토드락 토드락' 도마소리

우리 남매
이 맑은 아침을 머금고
건강하고 무럭무럭 자라고
더욱 더 공부 잘 하기를……

우리 아빠 역시
이 맑은 정기를 머금고
더욱 더 건강하시고
바깥일도 잘 하시기를……

예쁜 앞치마를 두른
우리 엄마의 간절한 마음
나는 조금은 알 것 같아요.
새벽을 깨우는 저 맑은 물소리

햇살바라기

야트막한 산으로
둘러싸인 드넓은 분지
고운 햇살만이 놀다 가는
푸른 초원이 펼쳐진 청정지역

가을, 햇살바라기
쪽빛 하늘가에 걸린
갖가지 색깔의 비단 피륙들……

펄럭이는 기폭旗幅
그 속에 깃든 낭자머리
신라여인네들의 고풍스런 의상衣裳

연륜을 더한 장인匠人부부가
고운 심성으로 정성을 다해
맑은 가을 햇살아래 연출하는
더 할 수 없이 고풍스러운 색깔잔치

빨래

푸른 가을하늘 아래
펄럭이는 빨래들의 함성

개구쟁이
아이들이 입었던 바지와

땀 흘려 일한
아빠가 입었던 와이셔츠와

부엌에서 기름으로
얼룩진 엄마의 행주치마

그리고 갖가지 색깔의
내복과 수건과 양말들

깃발처럼 나부끼는
행복한 가정의 오후……
맑은 햇살이
그들과 함께 놀고 간다.

제4부

영혼의 집

산마을

산도화山桃花 꽃그늘
사슴들이 마시던 맑은 물이
졸졸졸 흘러갑니다.

아침 찬 이슬
산삼뿌리와 이어진 물이
졸졸졸 흘러갑니다.

새벽을 깨우는
닭울음소리, 찰랑찰랑
산마을을 돌고 돌아
졸졸졸 흘러갑니다.

산의 정기가 깃든 산마을
조금 지나면 황금햇살이
온 누리에 번질 것입니다.

영혼의 집

나 이제
집으로 돌아가려네.

그 동안, 세상사
물고기를 낚느라
소홀히 하였던 내 '영혼의 집'

동료들과 함께
먼 바다에 나아가
크고 작은 물고기를
낚아 올렸던 육신의 수고로움…

이제 '영혼의 집'에 돌아와
그간에 후락해진 창틀이며
지붕을 다시 고친 후,

그 동안 내버려진 정원에
요모조모 갖가지 나무를 심고
어여쁜 꽃씨도 뿌리리니…

내 인생, 이 세상
이에 더한 기쁨이 어디 있으랴

하루를 여는 기도문

나에게 오늘 하루는
나의 전 생애를 통하여
과거 어느 때에도 없었고
미래 그 어느 날에도 없을
내가 생각한 바를 실천할 수 있는
현재진행형, 따끈따끈한 단 하루일러니

그러기에
나의 오늘 하루는
온 정성을 다해 하늘 우러러
한 점 부끄러움 없는 하루가 되기를……

그러기에 더욱 더
오늘 만나는 이들에게
온유하여 상호공존의 의미를
더욱 더 깨닫게 하는 삶의 하루가 되기를……

또한 오늘을 살아가는
우리들 삶의 이치가 하늘의 뜻과
자연스레 합치되는 삶을 영위할 수 있기를……
그리하여 길을 걷는 중일지라도 가끔 머리를 들어
흘러가는 구름을 바라볼 수 있는 마음의 여유가 있기를……

서정시 같은 삶

서정시처럼
아름다운 삶을 살고 싶다.

그런 귀로
그런 눈으로
그런 마음으로

하늘바라기
날아가는 새 한 마리
들에 핀 들꽃 한 송이

길에서 만난 길동무
살갑게 내어주는
우리들 마음 한 자락

하늘 저 멀리 흰 구름
이를 무위無爲라던가
나도 그처럼 살고 싶다.

언덕 위에 작은 집

나 언제나 그 안에서
영원을 꿈꾸며 살아가리니

아트막한 언덕, 붉은 기와집
마당엔 푸른 잔디가 깔리고
안팎이 훤히 보이는 원목울타리,
누구나 수시로 드나들 수 있는
대문에는 핑크색 어여쁜 우편함……

철따라 꽃들이 피어선 지고
푸른 잎은 단풍으로 물드는 곳
언제나 밤하늘의 별들을 볼 수 있고
해맑은 바람을 맞이할 수 있는 곳

사람마다 온화한 기품이 깃들고
우리들 함께 살아가는 세상이
얼마나 아름다운가를 몸소 느끼며
맑은 영혼 속에 희망찬 하루가 열리고
지극정성을 다한 하루가 저물어 가는 곳

내가 염원하는 언덕 위에 작은 집
이 작은 행복, 이 세상을 다하는 날까지
잔잔히 이어지기를 간절히 기리며 살아가리.

삶의 지혜

큰 것과 작은 것이
고르게 섞이도록 하라
때로는 아주 담대하게
때로는 더 할 수 없이 정밀하게

때로는 불타는 태양을 향하여
가슴 속, 온 열정을 불태우고
때로는 고요한 달빛 아래
깊은 사유思惟의 강을 거닐도록 하라

우리들 인생은 출렁이는 파도
그 누가 인생은 즐겁다고만 말하였던가,
또한 그 누가 인생은 슬프다고만 말하였던가.

인생이란 늘 돌고 도는 것
그 속에서 진정한 삶의 의미를 발견하고
실천할 때 그 삶은 보석처럼 빛을 발하는 법이라네

물의 노래

수만 마리의 군마軍馬들이
갈기를 세우고 달려드는 파도소리
내가 선 자리, 푸른 바다의 단애斷崖
철석이며 하얗게 부서지는 포말泡沫……

그 근원을 알 수 없는 힘의 원천源泉
내 몸 속에서도 그 일부가 꿈틀대며
이 세상 그 어느 곳을 걸어도
익숙하게 두 귀에 들려오느니

결국, 우리들이 가야 할 길은
청둥오리 노니는 습지를 지나서
부레옥잠 둥둥 떠 있는 곳
푸르른 연꽃 이파리 어우러져
물총새 날고, 소금쟁이, 물잠자리
한데 어울려 야생하는 생태습지生態濕地……

우리들 모두
본시 태초에 물로부터 왔으니
어머니의 자궁子宮속과도 같은
그 깊고 깊은 생명의 심연深淵, 그 모성母性

미루나무 행렬

6월, 먼 길을 가다
길을 따라 늘어선
미루나무 긴 행렬을 만났다.

푸른 기수들의 열병식……
초여름 햇살을 뚫고
파르르 피어오르는 젊음
그 속에서 들려오는
우람한 기마병의 말발굽 소리

그곳을 지나 멀리
푸른 초원의 뭉게구름
한 폭의 아름다운 서사시첩敍事詩帖
그때 얼마나 멋진 남도기행이었던지……

새들의 비상飛翔

도화지 붉은 바탕위에
새까만 점들의 향연
동영상動映像, 끼룩끼룩……

새들이 날아오른다.
낭자한 새들의 언어들이
핏빛 노을 속에 가득하다.

낙조, 검은 밤을 찾아가는
생명의 무리……
그 장관 속에 내가 묻힌다.

가을밤

달, 포도, 풀벌레소리~~~

어느 가을밤, 그들이
내 정원에 파도처럼 밀려와
고즈넉이, 한 차례
그림처럼 놀다갔다.

둥그런 보름달은
서늘한 밤하늘에 걸리고

탱글탱글한 포도송이
달빛사이에 그윽한 향기

찬이슬 시든 풀숲에
구슬픈 가을 풀벌레 소리

서늘한 달빛 속에
우두커니 혼자서 바라보다
한참 만에 잠자리로 돌아왔다.

어느 깊어가는 가을
나 혼자서 훔쳐본 가을밤의 서정

달, 포도, 풀벌레소리~~~

가을밤의 독서

금강석처럼 반짝이는
서늘한 가을 밤,
등불을 밝히어
고금동서, 책을 읽는다.

구리 빛 속에 깃든
야수野獸를 잠재우고
하얀 배면 위에
또랑또랑 돋아난
살아있는 검은 활자체…

그 문자와 문자
그 구절과 구절
그 행과 행 사이
그 연과 연 사이
그 행간을 음미하며
읽어나가는 가을밤의 독서

눈앞에 펼쳐지는
동서고금, 새로운 세상
이 황홀감, 깊어가는 가을밤……

가을날

드디어 가을이 왔습니다.
길을 나서면 갖가지 색상으로
무르익어가는 과일의 향기로 인해
세상은 더없이 완숙함으로 넘쳐납니다.

한여름에 넘치던 야성野性도
오솔길을 따라 사색에 잠긴 듯
한 닢 두 닢 떨어지는 이파리에
생명의 유한성을 드러내는 듯 고적합니다.

어느 생명은 그 삶을 완전히 마감하고
어느 생명은 잠시 매듭을 지을 것입니다.
이 같은 삶의 조화와 질서 속 갖가지 삶,
이처럼 자연보다 신비로운 것이 없을 듯합니다.

맑은 물에 헹구어 낸 듯
더없이 청명한 하늘과 땅, 그 아래
아침저녁으로 울리는 애잔한 풀벌레 소리,
아무래도 방에 등불을 밝혀야 할 것 같습니다.

가을 서정

떫음을 가셔낸 가을입니다.
빛바랜 나뭇잎에서 떨어지는
빗방울이 선뜻하고 쓰르르 쓰르르
가을을 외는 풀벌레 소리가 애잔합니다.

한여름 밤 머리위에 금방이라도 쏟아질 듯
울멍울멍하던 별들도 아득히 멀어져 가고
사위는 이별을 고하는 몸짓으로 가득합니다.

어디를 가나 익어가는 가을의 향내
소매 끝에 스치는 바람결이 서늘하고
여름내 뒤엉켰던 하늘과 땅 사이가 서서히
분별력을 찾아가는 모습이 더없이 호젓합니다.

이제 모두 자기에게로 돌아가는 계절
서서히 마음의 등불을 밝혀야 할 때입니다.

가을들녘에서

파란 하늘아래
누렇게 영근 들녘
그 입술사이로 휘파람을 불며
까마득히 하나의 점이 되도록 걷고 싶다.

계절이 내린 이 축복
대지는 오곡백과로 넘쳐나고
하늘은 말로 다할 수 없이 정갈한
하나의 거대한 반구형半球形 식탁보……

위로는 짙푸른 하늘호수
아래로는 풍성한 젖어미 대지
그 사이로 홍건한 인간의 심성이
그지없이 너그러운 천지인天地人을 이루어

이 또한 다른 삼위일체三位一體이리니
이 모든 것, 세 계절을 두고 땀 흘려 일한
이들에게 내린 은총이 아닐까 싶은 마음이려니

늦가을 소묘

거실에 비스듬히 드리운
가녀린 가을 햇살

커튼을 젖힌 창 밖
뜨락엔 빨간 아기단풍잎

그 속에 깃든 회자정리의
들리지 않는 이별의 변주곡

식탁 위 까만 옻칠 소반 위엔
모과와 석류, 가을을 정제한 정물

그 옆 백자화병에 꽂힌
부들과 갈대꽃, 붉은 산수유 열매

정교한 계절의 앙상블
깊어가는 가을, 늦가을의 서정

그 속엔 여름날의 폭염과 폭풍우
가을은 그냥 조용히 오는 게 아니지……

가을 동화

소년이 가을 속으로 달려갑니다.

코스모스 방축 길을 지나
누렇게 고개 숙인 들녘 길로
하나의 점이 되어 달려갑니다.

말갛게 씻긴 하늘에선
아침 해가 빙그레 미소 지으며
그 소년을 비춰줍니다.

상큼한 시월상달
온 세상이 너무나도 맑습니다.

가을 여인

맑은 호수 같은
가을 하늘 속으로
하나의 점이 되어
멀리 떠나간 여인……

그것은 나에게
영원히 지워지지 않는
가을날의 표상表象……

이제 또다시
그런 가을이 다가와
뚝 뚝 뚝, 낙엽과 함께
내 마음을 적시나니

해마다 가을이면
마음 한 자리 비워놓고
저 멀리 하늘 우러르며
가슴앓이 하는 애달픈 엘레지

타작마당

우리네, 타작마당
사람 살아가는 일이
모두 다 그렇지 아니한가?

할매는 깻단을 털고
할배는 도리깨질 콩을 터니
자식들 생각에 힘든 줄 모르고
온몸 범벅 훙건히 흘러내리는 땀방울……

살아가며 닮아가는
주름진 얼굴, 자식사랑
'장도 담그고, 기름도 짜야지
객지에서 얼마나 고생들 하고 있는지'

미루나무 위에 걸린
저녁 붉은 해가 빙긋이 기울고 있다.

저녁노을 속에서

초겨울
시린 댓잎 사이로
붉게 타는 저녁노을

노을 속
이리저리 실금 간
늙은 농부의 얼굴

유난히도
눈 주위와 입언저리에
깊게 패인 잔주름들……

무엇을 바라보며
무엇을 먹고 살았을까
외양간 워낭소리
찬바람 속에 귀를 스치네.

겨울 숲의 묵시록

동안거冬安居에 접어든
겨울 숲의 무거운 침묵

안으로, 안으로 갈무리한
깊은 사유의 묵시록默示錄

바람 불 때마다 나풀대던
그 푸르던 날의 환희

지금은 휴지부休止符를 찍고
잠시 쉬어가야 할 때

때로는 침묵沈默이 달변達辯보다
깊이가 있는 법이어니

깊고 깊은 동안거에 접어든
침묵의 숲, 그 저변의 힘

봄이 오면 또다시 활화산을 이뤄
생명의 불꽃으로 타오르리니

겨울바다

겨울바다엘 가보았지

차가운 이성理性으로 담금질한
저 시퍼런 바다의 포효咆哮
촘촘하게 밀집된 입방격자立方格子가
맞부딪치며 이루는 거친 숨소리……

시퍼렇게 날이 선
겨울바다의 스펙트럼, 대서사시
툭 치면 금방이라도
깨어져 무너져 내릴 듯한
코발트색 액상 담채화淡彩畵
내가 포획한 한 마리의 거대한 짐승

그 엄존한 생명의 원전原典을
가쁜 숨을 몰아쉬며 단숨에 읽고 돌아왔지

제5부

밤의 뮤즈

피뢰침에 찔린 둥근 달

젊은 베르테르의 슬픔이런가!
123층 롯데월드 피뢰침에 찔려
파르르 떨고 있는 십오야十五夜 둥근 달

그 옛날 서라벌 솔숲
빙그레 떠오르던 달빛아래
젊은 화랑들이 무술을 연마하며
나라사랑의 기풍을 진작하던 애국충정과
달빛 아래 시 · 서 · 화를 논하던 옛 선비들의 풍류는
이제 어디에서도 찾아볼 수 없는 세상이 되었단 말인가?

섬들의 어깨동무

시 낭송회 날
감상실은 고요한 시의 바다
운율 속에 번지는 시의 감흥
호흡을 몰아 시위를 떠난
그 많은 언어의 화살들
행과 행 사이의 공간
나비가 춤을 추고

연과 연 사이의 공간
바다가 출렁이는가 하면
때로는 공간과 공간 사이
보이지 않는 팽팽한 긴장감
그 속에 용해되는
물소리, 바람소리, 영혼의 노래
그 높낮이의 음향, 상상의 나래

무한히 번져가는 시적 환상과
응축된 섬, 섬, 섬들과 그들 사이에

마주치는 시간과 공간 미학
시의 돋을 샘, 언어의 축약
나도 그들 속에 빛나는
하나의 영원한 섬이 되고 싶다.

산맥山脈

깊은 사모의 정으로
뻗어나간 산맥들……

그로 인해 육지는 더욱
견고해 지고 빛나거니

봉우리마다 비추는 햇살과
골짜기마다 흐르는 시냇물

그것은 하나의 생명이며
무수한 뼈마디와 혈맥이어니

하늘 우러러
가장 일찍 깨어나는 곳

눈부신 향연
만학천봉을 휘감아 도는 운해雲海

그 누가 있어
이 서기어린 풍상을 제대로
읊을 수 있을까나?

용문사 은행나무

맑은 가을날
천년 은행나무
용문산엘 올랐었지

청자빛 하늘
노랗게 물들인
색음계色音階 앙상블……

바람이 일 때마다
노란 이파리들이
울리는 목관악기의 음향

금빛 찬란했던
신라 천년이 가고
다시 열리는 천년의 소리

싸늘한 바람, 나 홀로
그 속에서 서라벌의
옛 가락을 엿듣고 돌아왔지

광릉 숲속에서

숲 속에 들면
향긋한 피톤치드 향香
나에게만 들려오는 소리
아름드리나무에 귀 기울이면
삼투압, 나이테 사이 수관을 통해
물 끌어올리는 소리 들려온다.

가지가지마다 매달린
이파리들 광합성을 도와
쉴 새 없이 끌어올리는
신비한 생명의 역사役事……

뿌리와 줄기와 이파리로
이어지는 생명의 연결고리
수 십 년 혹은 수 백 년을
오직 한 자리에 서서 지켜온
그 모습은 성자에 비견되리니

물오른 노거수老巨樹 밀림 속
눈부신 햇살아래 크낙새 소리……

* 크낙새는 1993년 광릉국립수목원에서 마지막으로 한쌍이 목격된 뒤 아직까지 종적이 묘연 하다.

참척 慘慽

오늘밤, 일본의 하이쿠 작가
카가노 치요(加賀千代 1703~1775)가
그 어린 아들을 잃고서 읊은 짧은 시
「잠자리 잡기」를 읽었다.

'오늘은 어느 들판에 놀고 있을까!
잠자리를 잡으러 나간다고 했는데
집에서 멀리 떠나간 내 어린 아들'

가슴속에 맺히는 피눈물
시간과 공간을 넘어 내 가슴에도 맺혔다.

붉은 병동, 담쟁이넝쿨

봄 햇살 속에
여린 속잎 피어나는
붉은 병동, 담쟁이넝쿨……

이는 마치, 겨울 내내
갈수기 물길과도 같은 혈관에
때맞추어 링거주사라도 놓은 듯
눈부신 봄 햇살을 따라 줄기마다
하루하루 다르게 번져가는 부활의 몸짓

이는 봄을 맞이하여
자연이 그려내는 한 폭의
더할 수 없이 아름다운 수채화水彩畵
하루가 다르게 푸르러가는 연엽의 향연
붉은 화폭을 뒤덮은 그린피스의 초록색 깃발

오랜만에 열린 창문에선
겨울을 이겨낸 화사한 얼굴들

봄 햇살사이로 이는 구름과 바람
자연이 이루는 평화가 이곳을 스쳐가노니
봄은 정녕 죽은 듯 잠든 영혼마저 일깨우는 계절

다도해 조선호랑이

큰 붓 한 자루, 힘찬 필치筆致
일필휘지一筆揮之로 그려낸
백두대간白頭大幹, 조선호랑이 한 마리

이를 더욱 멋들어지게 그리려다 뚝! 뚝! 뚝!
여기저기 튀긴 먹물자국, 크고 작은 남해 섬들
때로는 푸른 바다 갈매기들의 울음사이로
때로는 저녁노을 붉게 타는 하늘울음사이로
길고 긴 세월의 무상無常을 딛고 출렁이는 다도해 파도소리

그러나 우리 지금 여기, 불끈 솟아오르는 태양
서서히 가위눌림 DMZ 155마일 잘린 허리 이어지고
그 옛날 해상왕 장보고와 충무공 이순신의 기백과 함께한
옛 고구려의 기상氣像, 오대양, 육대주 저 넓은 세상을 향해
힘차게 포효咆哮하며 깨어나는 조선호랑이, 그 우람한 표상表象
아아, 세계의 중심으로 우뚝 솟아오르는 우리 대한민국, 영원무궁하리라

시베리아 대평원

이 밤도 싸늘한 대륙의
열차 속에서 졸린 눈으로
밤새워 달리는 젊은 로망이 있으리.

연일 달리고 달려도
끝이 보이지 않는 동토의 땅
지구의地球儀위를 기어가는 작은 벌레 한 마리

유라시아를 가로지르는 대평원
바이칼호반湖畔과 우랄산맥의 자작나무 숲
그곳에서 피어난 대문호들의 문학의 향기

상트페테르부르크와 크렘린궁
한 때 톨스토이와 스탈린이 살다 간
문학과 정치, 그 명암이 엇갈리는 나라
우리들은 그들에게 깊고 깊은 애증을 느끼노니

그 웅대한 소설과 시,
음악과 미술, 발레에 이르는
그들 영혼을 울리는 찬연한 문화의 꽃
그 불가사의한 현실 앞에 고개를 숙일 수밖에……

동지나해

쌍끌이 저인망어선
동지나해에서 끌어올린
펄떡펄떡 뛰는 참다랑어
바다생명의 원시림대原始林帶

건장한 구리 빛 인생
포만한 거친 물결 속에
하루가 열리고 닫히는 세상
살아 숨 쉬는 육체노동의 현장

고된 삶이 어우러진
생선 비린내와 땀 냄새
출렁이는 거친 바다의 숨결
젊은 남정네들만의 고농도 노역

하늘과 바다, 그 수평선
뉘 바다의 낭만을 노래했던가?
뭇 생명들이 휘몰이 하는 곳
25시, 동지나해의 거친 물결

추사秋史와 초의草衣선사

그 옛날, 동갑내기
추사秋史와 초의草衣선사에 얽힌
차茶에 관한 이야기를 들어봤는가!

추사秋史 만년에 이르러
제주도로 유배流配를 당하였으되
선사禪師의 차 솜씨를 잊지 못하매

선사禪師 불원천리, 만경창파
마다않고 추사秋史 곁에 이르러
가시울타리, 모옥茅屋 좁은 줄에
다향茶香과 묵향墨香속에 회포를 푼 연후에
떨어지지 않는 발걸음, 다시 뭍으로 오르매

또다시 서로를 잊지 못해
친구를 그리는 안타까운 마음

일세를 풍미하다 간 그들의 우정이여
은은한 차茶의 향기처럼 그지없이 그윽하여라

* 秋史 金正喜(1786~1856) : 묵필墨筆로서 추사체의 전형을 이룬 서예대가
草衣 禪師(1786~1866) : 大禪師로서 다도茶道문화에 커다란 족적을 남김

장왕록 교수와 장영희 교수

부녀사이인 영문학자
故 장왕록 교수와 장영희 교수
극심한 소아마비 딸 영희를
지극히 사랑한 장왕록 교수

그 결과, 그의 딸 장영희 교수는
장애를 딛고 맑은 영혼을 지닌
영문학 교수로서 행복한 삶을 살다가 갔다.

인생에서 사랑의 진수眞髓를
보여주고 간 그들 부녀……
얼마나 아름다운 사랑 이야기인지
내 가슴 속에 영원한 별이 되어 빛나고 있다.

전위예술가 백남준白南準

다시 보고 싶은
비디오아티스트 백남준이
보여준 아방가르드
전위예술의 포퍼먼스

그의 시니컬한 웃음
천진무후한 입술사이로
언뜻언뜻 내비치는
최첨단을 걷는 천재의 고독

그가 자른 넥타이
그가 부순 피아노
천 개의 눈을 가진
비디오영상예술의 극치……

시대를 앞서 간
그가 가고 없는 이 세상은
새들이 날아간 빈 하늘처럼
너무나도 적막하고 고요하구나.

베로니카 프랑코

멀고 먼 그 옛날
베네치아의 여류시인
베로니카 프랑코를 아시나요.

베로니카 프랑코!
그녀는 몸을 파는
고급 창녀이면서도
영혼을 노래하는 시인이었다네

그녀는 또한
창녀이면서도
여섯 명이나 되는
각기 성姓이 다른 자녀를 낳아 기른
모성본능의 육체적 소유자였다네

그녀가 살다간
베네치아에서는 아직도

조선의 명기名妓 황진이黃眞伊처럼
그녀가 남긴 시詩가 회자되고 있다네.

* 베로니카 프랑코(1546~1591) : 베네치아의 여류시인이자 프랑스의 국왕 앙리 3세 등 많은 남성들과 잠자리를 함께한 밤의 여인이기도 하다.

팔만대장경八萬大藏經

자랑스러운 우리 불교문화의 꽃
천년 고도 경주의 대가람 불국사와
합천 해인사의 팔만대장경八萬大藏經……

우리는 눈을 돌려
이집트의 피라미드와
캄보디아의 앙코르와트
그리고 중국의 만리장성 등
거대석축문명을 대하게 되거니
이는 절대군주의 위용의 상징일 뿐

우리 팔만대장경
한 글자 한 글자에 새겨진
국태민안國泰民安의 염원엔 미치지 못하리라

불국사 다보탑多寶塔

멀고 먼 그 옛날,
석공의 기技와 예藝를 다한
간절한 염원이, 한 송이
꽃으로 피어난 불국사 다보탑

하늘 우러르던
불국정토佛國淨土의 염원
천여 년을 넘긴 풍우에도
한 점 흐트러짐이 없이
그날을 기리며 지키어 오고 있네.

불국사 다보탑
신라 불교문화의 정수精髓
오늘도 천년 가람 신비 속에
서라벌의 푸른 하늘을 받쳐오고 있네.

피아노 독주회

신神의 손이랄까
피아노 건반위에
열 개의 손가락이
휘몰이를 한다.

그 속에서 미끄러지듯
헤엄쳐 튀어 오르는 은빛 은어들
때로는 꽃이 피고, 바람이 불고
가끔은 천둥소리에 비가 내리고
일렁이는 물결, 푸르른 초원
돋아나는 밤하늘의 별들……
소리로 형상화된 그림들이
넘실넘실 물결 이룬다.

언제 시간이
어떻게 흘렀는지
박수소리만이 장내에 가득할 뿐……

박꽃 흐느끼는 밤

하얀 박꽃, 꽃초롱
달 밝은 밤이어라

어느 별에선가
가신 님 사뿐사뿐
달빛 밟고 오시는
그런 달 밝은 밤이어라

여울 물소리
낭랑한 한여름 밤
단단히 여민 바자울타리,
달무리 속에 피어난 박꽃,
밤새 하얗게 흐느끼는 밤이어라

달빛 속에서

창문밖에는
물 같은 달빛이
이슬 젖은 풀꽃을 물고
이리저리 희롱을 한다.

잡을 듯 잡히지 않는
모든 것을 걸러낸 강물소리

작렬하는 태양으로 인해
가슴 빠근한 노동으로 인해
부질없는 덧셈과 뺄셈으로 인해
시들어가던 영혼이 다시 부활하는
신비로운 밤의 정밀靜謐……

혼자서 두드려보는 밤의 문
북두칠성, 외로운 별자리
가슴 속에 홍건히 고이는 샘물……

얼마를 지나고 나서야
두려움 없이 저 강물을
건널 수 있을까?

달빛 속에 흐느끼는 나의 영혼

달항아리

옹달샘에 뜬 달
달항아리, 달 속의 여인

고운 아미蛾眉,
어여쁜 옷매무새
송글송글 맺힌 물동이
찰랑찰랑 넘칠 듯 넘칠 듯

조심스런 걸음걸이
달맞이꽃, 화안한 달빛
알싸하니 번지는 포도 향……

한여름 밤
은은한 달빛 실루엣
저만치 혼자서
여릿여릿 꿈길을 가네

밤의 뮤즈

지금은 밤이에요
프리즘을 통해 본
한낮, 원색의 욕망들
이제 그 모든 것을 잠재우고
우리, 돌아가 편안히 쉬어야 할 밤이에요.

커튼 사이로 빛나는 별들
밤이 주는 안락, 밤의 뮤즈여
심장의 고른 박동소리, 그런대로
하루의 항해를 무사히 마치었으니
우리, 돌아가 편안히 쉬어야 할 밤이에요.

은하수 물결소리
고요히 귀 기울이면
가슴 속 깊이 울려 번지는
영혼의 목소리, 소중한 꿈의 천국
우리, 이제 그만 편안히 잠자리에 들도록 해요.

그리하여 꿈속에서 만난
베아트리체, 조용한 미소로
천국의 문을 여는 그 모습을 지켜보도록 해요.

작품해설

童詩心과 純然한 美意識

黃松文
(시인, 선문대 명예교수)

"아름다운 얼굴이 추천장이라면 아름다운 마음은 신용장이다." 라고 리턴이 말했는데, 윤재학 시인에 있어서의 동심은 시의 신용장이라 할만하다. 이는 윤리의식이 내포된 미의식을 말한다. 이 시인이 추구하는 미의식은 어떤 미의식일까?

주베르는 "우아함은 미의 자연의 옷이다. 예술에 있어서 우아함이 없는 것은 껍질을 벗긴 인체 표본과 같은 것이다."라고 말했다. 또한 보들레르도 "미란 열렬하고도 서글픈 것, 무엇인가 어렴풋하여 추측하여 내맡기는 것"이라고 했다.

환언하자면 예술의 본질로서 모호성을 얘기하고 있는데, 이는 명료성과 함께 균형 있게 조화되어야 한다. 우아한 아름다움으로써 순연한 미의식을 단적으로 나타낸 작품으로는 「세모시 적삼」을 들 수 있겠다.

세모시적삼
눈부신 한여름

육목단 아문 꽃자리
눈물이 서려

창포물에 곱던 아미
새하얀 모시

청포도 알알이 박혀
새하얀 구름

조선여인의 품새를
더욱 높이니

청자빛 하늘 아래
곱고 고운 자태

곡두선曲頭扇이
스치는 풍경소리

서연한 아름다움
조선의 여인

—「세모시 적삼」 전문

세모시 적삼이라는 고풍스런 조선여인의 의상衣裳의 아름다움을 나타내기 위해서 육목단을 끌어들이고 청자빛 하늘과 하얀 구름을 배경으로 끌어들인다. 그렇게 하여 세모시적삼을 한결 돋보이게 한다. 세모시적삼을 통해서 우리 겨레의 생활문화재인 순연한 조선의 아름다움을 나타내고 있다.

윤재학 시인의 시 「춘란 완상」과 「고매(古梅)」도 앞의 시와 동류同類라 하겠다.

만화방초 흐드러진
바깥세상과는 달리
장지문 창호에 드리운
고즈넉한 동양화 한 폭

가녀린 바람결에
집안 가득 은은히
번지는 방향, 옷깃 여며
조용히 붓을 들어 난을 친다.

—「춘란 완상」 후반부

민족 전래의 토속적 사물에 고요한 풍치로 정밀성靜謐性을 나타내는 작품이다. 가령 '장지문'이라든지 '창호', '동양화', '춘란'이 그것이다. 춘란을 즐겨 바라보는 시인의 시선이 봄날의 햇살처럼 다사롭고 투명하다. 은은한 고풍을 누리면서도 바람결 화향처럼 싱그럽다.

잔설 잦은 골짜기
양지 바른 고택古宅

수령 삼백 여년
고풍스런 고매古梅 한 그루

토담 너머 너머
물오른 가지가지마다
매화향기 홀로 가득하니

—「고매(古梅)」 전반부

이 시 역시 앞의 시 두 편과 맥을 같이 하는 동류라 하겠다. 이 시에서도 고풍스런 토속의 사물들이 향토정서를 일깨우고 있다. 그것은 가령 '고택古宅'이라든지 '고매古梅' '토담' 등이 그것이다.

윤재학 시인의 시 가운데서 가작으로 관심을 끄는 작품은 「봄이 오는 길목」이다. 이 작품은 생산적 상상으로 이루어졌기 때문에 더욱 애착이 간다. 음미할 여지가 있는 작품이기 때문이다.

봄이 오면
나의 몸 여기저기에도
근질근질 새싹들이 돋아난다.

그중에서도
두 손과 두 발의
열 손가락과 열 개의 발가락 끝
미세혈관과 말초신경은 수액水液으로 넘쳐난다.

두 팔과 두 다리는
강인한 나무의 줄기,
그에 딸린 손가락과 발가락들은
줄기에서 뻗어 나온 부드러운 가지들……

봄이 오면
그 가지에서 나날이
돋아나는 새파란 이파리들
그것은 하늘의 천기天氣가 흐르고
땅속의 지기地氣가 흘러드는 합일의 활력소.

봄이 오는 길목
심장과 온몸의 혈관은
펄떡펄떡 활력으로 넘치고
나의 몸은 수액을 끌어올리는
하나의 움직이는 풋풋한 나무가 된다.

—「봄이 오는 길목」 전문

이 시는 시인 自我(人間)와 自然事物(植物)이 同一視되고 있다. 1연에서는 "나의 몸"에서 "새싹"이 돋아나는 것으로, 사람과 식물이 동일시되고 있다. 2연과 3연에서도 사람의 손과 발이 나무의 줄기와 가지로 동일시되고 있다.

그 이후로 가면서 사람의 팔과 다리, 나무의 줄기와 가지에 작용이 벌어진다. 사람의 손가락이나 발가락 같은 나무의 이파리들은 하늘의 천기와 땅의 지기를 받아서 활력이 살아난다. 인간과 자연만물(식물)이 동화되어 하나가 된다고 하는 동일시 회로가 조성되고 있다.

이 시에서는 만물이 소생하는 봄기운을 근거로 해서 살아나는 봄의 활력을 구가하고 있다. 봄이 오는 길목에서 소생蘇生하는 봄을 찬미한다고 할까 예찬하고 있다.

연꽃 연못 속에
청개구리 한 마리

두 눈 또록또록
연잎 위에 앉아 있다가
폴짝, 포물선을 그리는 낙하
퐁당! 떨어지는 느낌표 하나

물위, 정적을 깨면서
번져가는 동심원同心圓
그리고는 이내 잦어드는 정적

—「파적(破寂)」 전문

한흑구의 수필 「한여름 대낮의 움직임과 고요」가 연상되는 작품이다. 우선 한흑구의 수필 「한여름 대낮의 움직임과 고요」를 살펴보고자 한다.

파리 한 마리가 귀 밑을 윙 하고 지나가면서 태초의 고요를 깨뜨린다. / 소금쟁이 한 마리가 고요한 수면 위로 S자를 그린다. / 어느새 깜백이 위에도 빨간 고추잠자리 한 마리가 날아와 앉아있다. / 갈대잎 그늘 속에 사지를 활짝 벌리고 큰 개구리 한 마리가 두 눈을 헤드라이트같이 불룩 뜨고 죽은 듯이 떠있다.
깜백이가 움직인다.
잠자리가 날아서 뜬다.
깜백이가 고요해진다.
잠자리가 그 위에 또 와서 앉는다.
깜백이가 움직이고, 또 잠자리가 날아간다.

여기에서는 정중동靜中動으로서 고요함 속의 움직임이라는 구체적 형상을 실감 있게 보여주고 있다. 유유자적하게 인생과 우주를 관조하고 탈속하고자 하는 심성이 엿보인다.

윤재학 시인의 시 「파적(破寂)」에서도 역시 '연꽃'과 '청개구리' 사이의 정중동靜中動이 대비를 이룬다. 연못에 다소곳이 피어있는 연꽃은 정靜을, 연못에 낙하하는 청개구리는 동動을 가리킨다. 3연에서 번져가는 '동심원同心圓'은 시각적 색채의식과 형태의식의 동영상을 이루는 게 재미있다. 그러다가는 다시금 본연의 고요한 상태로의 禪風的 靜謐性을 암시한다.

바깥 정원에는
모란꽃 향기 그윽하고

내실에는 실바람에
발그레한 아기 두 볼

엄마 눈에 맞추어
까르륵! 어여쁜 입술

엄마가 아기에게
넘쳐나는 젖을 물리면

속잎 피어나는 열두 굽잇길,
푸른 산을 울리는 꾀꼬리 소리.

— 「호호(好好) 풍경」 전문

제목이 암시하는 바와 같이 이 세상에서 가장 행복한 사람은 자식을 안고 있는 여인(어머니)일 것이다. 이 시는 그 점을 착안하여 형상화하고 있다. 여기에 나오는 "모란꽃 향기"라든지, "실바람", "속잎", "푸른 산", "꾀꼬리 소리" 등은 배경화면이나 배경음악에 불과하다. 「호호(好好) 풍경」의 핵심은 엄마가 아기에게 젖을 물리는 정경에 있다.

차창 너머로 비추는
산도화 피는 마을
차단한 내 사랑도
거기에 있었으면 좋겠네.

외로운 나의 영혼
옹달샘, 맑은 물
표주박으로 퍼 올려

지나가는 나그네
복사꽃 몇 잎 띄워
잠시 땀 식혀줄 그런 손길,
수줍은 듯 두 볼 발그레한 낭자
꼭꼭 숨긴 보물인 듯 있었으면 좋겠네.

―「산도화 피는 마을」 전문

윤재학 시인은 크게 잡아서 동시심에 바탕을 둔 시가 주류를 이루고 있거니와 간혹 에로틱한 상상의 감주를 누리고자 하는 소망을 내비치기도 한다. 이도 역시 미의식의 한 형태로 보인다. 그것은 오랜 옛날 조선조 시대에나 있을법한 낭자와의 꿈의 단술이다. 이 시는 3연을 위해서 1, 2연은 들러리를 서주는 셈이라 하겠다.

"지나가는 나그네 / 복사꽃 몇잎 띄워 / 잠시 땀 식혀줄 그런 손길, / 수줍은 듯 두 볼 발그레한 낭자"

이 순간의 형이상학 같은 상상의 감주를 위해서……

오래된 가죽혁대에
쓰윽쓰윽 날을 세우는
이발소에 와 앉으면, 비로소
허공 속에 떠돌던 내 얼굴을 만난다.

새삼스레 거울에 비치는
얼굴 속 그 많은 굴곡들
오랜 세월의 강물을 노저어온
흔적들이 측은하고 대견하기만 하다.

이발사의 손길 따라
싹둑싹둑 잘려나가며
떨어지는 쇠락한 머리카락,
거친 숲을 다듬는 정원사의 손길
그의 얼굴에도 세월의 흔적이 역연하다.

—「이발소에서」 전문

머리 자르는 이발을 통해서 자아성찰을 보여주고 있다. 쇠락한 머리카락이 잘려나간다는 것은 이승의 삶이 줄어듦을 암시한다.

이 시인은 스스로 측은하면서도 창연한 황혼의 애상이 페이소스의 슬픔에 젖어있다.

이제까지 8편의 시를 살펴보았다. 이 외에도 봄 풍경을 그리는 시 가운데 관심이 가는 작품은 「산사의 봄」과 「산동마을」이다. 그리고 동심을 바탕으로 한 작품으로는 「요람의 아기에게」와 「고사리 손들」에 관심이 간다.

윤재학 시인의 시가 '봄'이라는 계절과 '동심'에 바탕으로 둔 시가 많다는 것은 '소생蘇生'과 '홍기興起'의 미의식이 차있음을 알 수 있다. 이를 축약한다면 童詩心과 純然한 美意識이라 하겠다.

그는 순연한 아름다움을 동심의 언어로 나타내고 있다. 미의식의 바탕은 동심인데 표현이 고풍스러운 까닭은 연륜에서 기인되는 묵향으로 암유된다. 오랜 풍상에서도 선량한 조탁에 아람 진 수확을 보게 되어 다행이다.

백은栢垠 윤재학尹在學

1940년 경기도 수원시 장안구 율전동 출생

1964년 한양대학교 공과대학 원자력공학과 졸업

2008년 계간문예지 『문학사계』 봄호에 시 부문 등단

2008년 첫 시집 『내가 쏘아올린 화살』 발간

2009년 한국문인협회 시분과 회원

2016년 월간문예지 『문학세계』 "한국문학을 빛낸 100인"에 선정

e-mail : jhyoon40@naver.com

산도화 피는 마을

초판 1쇄 인쇄일 | 2017년 5월 16일
초판 1쇄 발행일 | 2017년 5월 21일

지은이 | 윤재학
펴낸이 | 황송문
편집장 | 김효은
편집・디자인 | 우정민 박재원 백지윤
마케팅 | 정찬용 정구형 정진이
영업관리 | 한선희 이선건 최인호 최소영
책임편집 | 우정민
인쇄처 | 국학인쇄사
펴낸곳 | 문학사계
배포처 | 국학자료원 새미(주)
등록일 2005 03 15 제25100-2005-000008호
서울특별시 강동구 성안로 13 (성내동, 현영빌딩 2층)
Tel 442-4623 Fax 6499-3082
www.kookhak.co.kr
kookhak2001@hanmail.net

ISBN | 978-89-93768-49-7 *03810
가격 | 9,000원

* 이 도서의 국립중앙도서관 출판예정도서목록(CIP)은 서지정보유통지원시스템 홈페이지(http://seoji.nl.go.kr)와 국가자료공동목록시스템(http://www.nl.go.kr/kolisnet)에서 이용하실 수 있습니다.(CIP제어번호: CIP2017011315)